# TINTO grün

## Erstlesebuch


von

Dr. Rüdiger Urbanek

Linda Anders
Ursula Brinkmann
Doris Frickemeier
Irmgard Mai
Gabriele Müller

illustriert von

Eva Czerwenka
Vera Schmidt



Cornelsen

# Die Schule beginnt

Schule

# In der Pause

Was möchtest du denn, Jonas?
Frau Klein, da hauen zwei den Lars.

Darf ich auch mal?
Ja, aber erst ist Fatma dran.

# Im Schulhaus

# Schau genau!

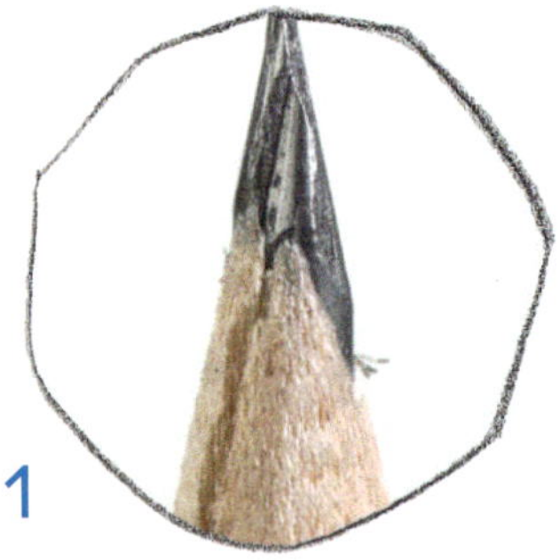
1

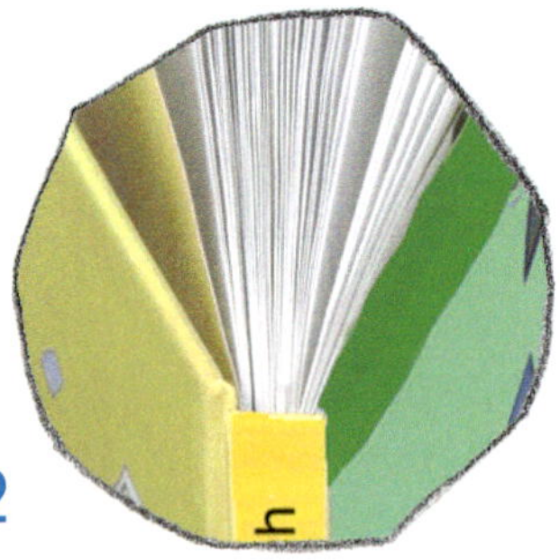
2

3

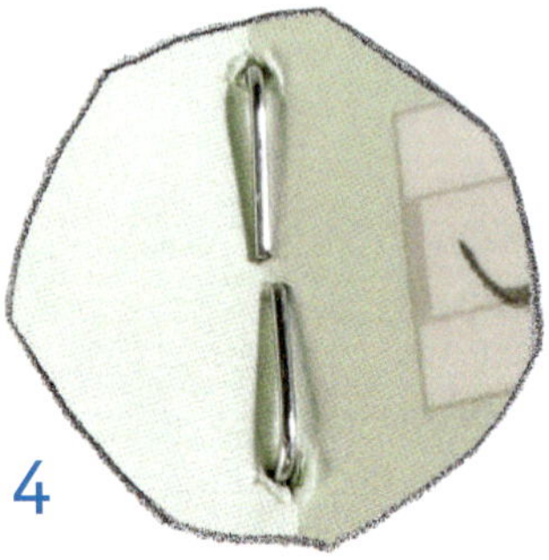
4

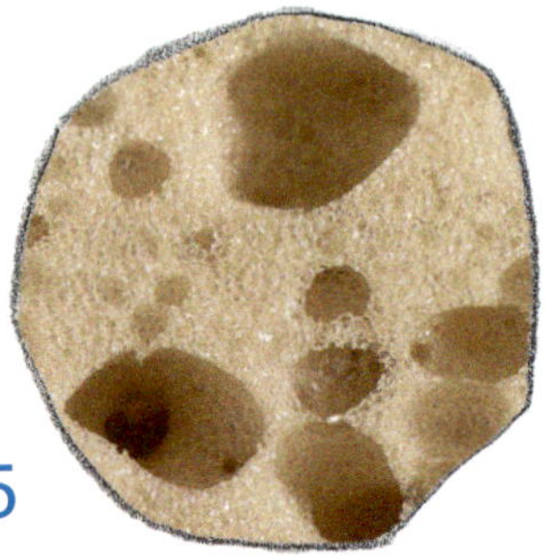
5

6

7

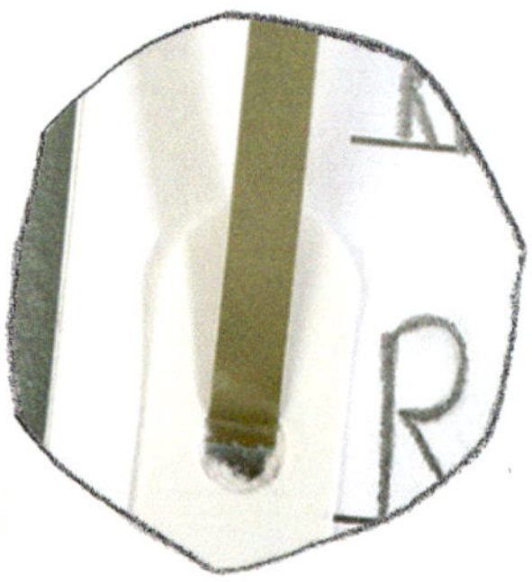
8

9

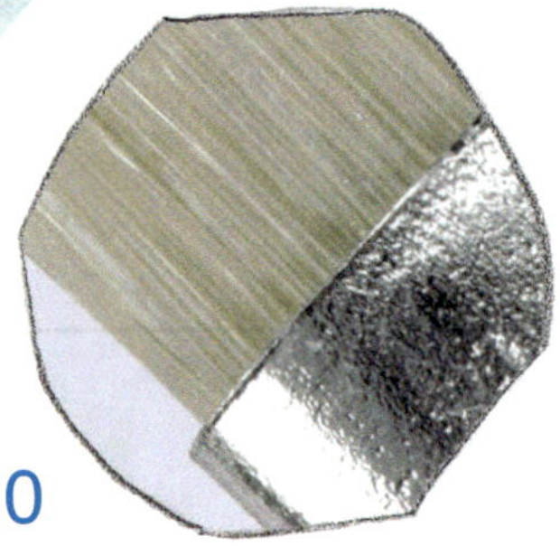
10

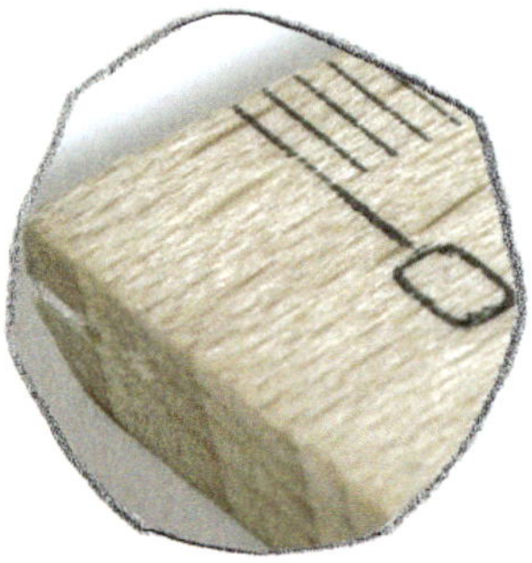
11

12

# Schlusslied

Text und Melodie: Gerda Bächli

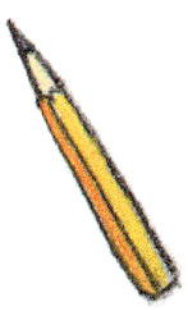

# An der Ampel

Ich drück jetzt hier.

Aber du willst doch
gar nicht über die Straße.

Das macht aber Spaß!

Warum?

Dann müssen die Autos halten.

Aber …

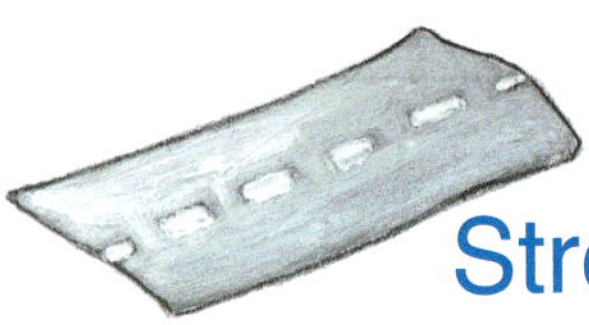
Straße

Auto

Ampel

# Fatmas und Tims Schulweg

Wie oft müssen Fatma und Tim über die Straße gehen?

Wie machen sie das?

# Auf dem Markt

RIMINI
MAROKKOMARKT
OLIVEN
BLÜTENHONIG
DIE WABE
Birnen
Kohlrabi
Kopfsalat
Gurken
Zucchini
Tomaten
kg € 2,50
HONIG

# Wir vom Markt

Ich heiße Klaus Schröder.
Ich verkaufe Obst
und Gemüse.
Alles kommt
von meinem Bauernhof.

Ich heiße Said Haddou.
Ich verkaufe Spezialitäten
aus meiner Heimat Marokko.
Die Oliven legt meine Frau
selbst ein.

Ich heiße Kati Sander.
Meine Blumen kommen
aus Holland.
Ich kaufe sie früh am Morgen
auf dem Großmarkt.

# Die Waffel

Ich glaube, mein Geld reicht nicht.
Soll ich dir etwas geben? Ich habe heute mein Taschengeld bekommen.

# Obst

Text: Lore Kleikamp
Melodie: Detlev Jöcker

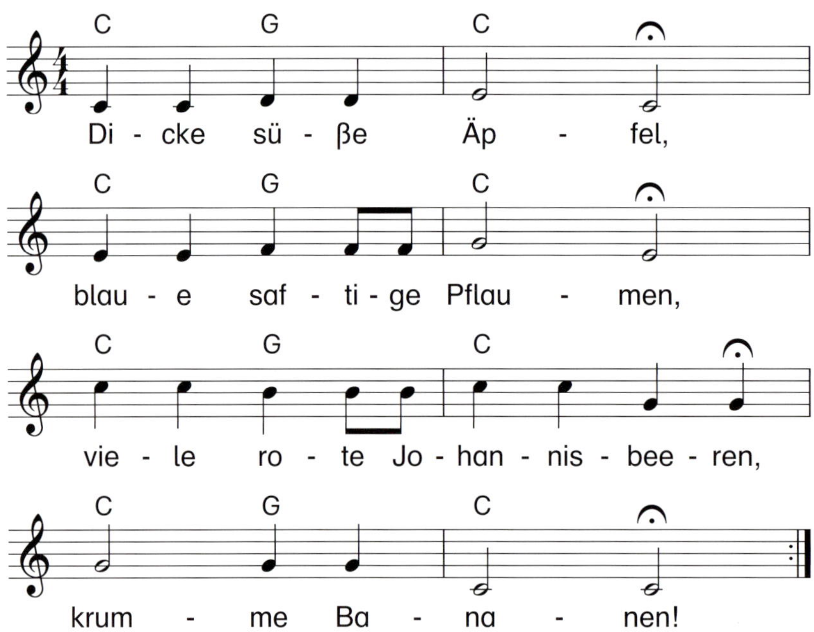

# Gemüse

Mama, wachsen Kartoffeln
auf Bäumen?

Nein, Tim …

Ich weiß das!
Wir haben einen Garten.
Da helfe ich manchmal
meiner Mama. …

# Früchte, Früchte, Früchte

Kaiser Rudolf II.

Guiseppe Arcimboldo

Die Apfelernte

Camille Pissarro

Obstverkäuferin

Olga Costa

# Meine Familie

5
RAKOTTE

# Lenas Zimmer

Bett

Tisch

Regal

Schrank

Teppich

Stuhl

Lampe

Bild

Gleich bin ich fertig!
Kann ich heute schon hier schlafen?

# Familien sind verschieden

Ich habe noch
drei Geschwister.
Oma und Opa wohnen
weit weg.

Mein Papa wohnt
in einer anderen Stadt.
Ich sehe ihn nur
am Wochenende.

Wir kriegen bald ein Baby.
Ich wünsche mir
eine Schwester.

Meine Mama hat
einen neuen Freund.
Ralf hat auch ein Kind.
Jetzt habe ich einen Bruder.

# Eine Lisa und zwei Papas

Es ist Freitag.
Die letzte Schulstunde.
Lisa freut sich auf das Wochenende.
Wie wahnsinnig freut sie sich!
Nach dem Mittagessen
wird sie nämlich abgeholt.
Von ihrem Papa.
Von ihrem richtigen Papa!
Zwei Stunden noch,
denkt Lisa,
dann ist er da.
Und in Gedanken ist sie
schon mit ihm unterwegs.

Manfred Schlüter

# Wer macht was?

# In der Bücherei

Erstes Lesealter
CD's
Spiele
Zicke Zacke Hühnerkacke
Bruno Blume
Ein richtig schöner Tag
Jacky Gleich
Familie
Märchen
Lustiges
Gruseliges
Der gestiefelte Kater
Roald Dahl
Sophiechen und der Riese

# Lesen macht stark

# Lesen macht Spaß

Ich mag so gerne lustige Bücher.
Kann ich auch noch
HEXE LILLI mitnehmen?

Ja, jeder darf sich zwei Bücher
für die Schule aussuchen.

Ich möchte mir gerne dieses Spiel
für zu Hause ausleihen.

Hast du denn schon
einen Lese-Ausweis?

Ja, ich habe ihn auch mit.

# Lesen – hören – anschauen

„Wir haben viele Hm-hm“,
so prahlten Baum und Strauch.
Das Buch rief: „Donnerwetter,
was ihr habt, hab ich auch!“

Josef Guggenmos

Alle sitzen um mich rum,
schauen, hören und sind stumm.

Martina Kruse-Jakobsen

Wer an mir dreht und stellt,
hört Musik aus aller Welt.

Martina Kruse-Jakobsen

Eine schwarze Scheibe dreht sich schnell,
doch ist das Ganze kein Karussell.
Es braucht eine Nadel,
die ist nicht zum Stechen:
Sie bringt die Scheiben
zum Singen und Sprechen.

Martina Kruse-Jakobsen

# Vom Lesen

Vom Lesen weiß ein Krokodil
wahrscheinlich nichts. Oder nicht viel.
Liest du ihm aber etwas vor,
ist es ganz Ohr.

Janosch

# Die rote Rächerin

In der Schule redeten die Kinder darüber, was sie sich im Fernsehen angucken wollten.
Besonders neugierig waren sie auf einen Film, der DIE ROTE RÄCHERIN hieß.
Um neun Uhr sollte er beginnen.
Bis elf Uhr würde er dauern.

Die Martina sagte:
„Meine Eltern gehen heute aus.
Da kann ich bis Mitternacht fernsehen.“
Der Alexander sagte:
„Ich hab einen eigenen Fernseher.
Wenn ich den leise drehe,
merken meine Eltern nicht,
dass ich noch nicht schlafe.“

Und der Peter sagte:
„Meine Eltern sind da nicht so.
Wenn ich in der Früh ohne Muckser aufstehe,
darf ich fernschauen, so lang ich will.“

Christine Nöstlinger

# Im Winter

# Hungrige Vögel

Es hat geschneit.
Es ist sehr kalt.
Die Vögel finden kein Futter mehr.

Jonas und Tim haben etwas
für die Vögel gebastelt.
Nun verstecken sie sich
und warten.

Bald kommen Meisen und Finken
und eine dicke schwarze Amsel.

# Tiere im Winter

1 Im Winter schlafe ich meistens. Nur wenn ich Hunger habe, komme ich aus meinem Kobel.

2 Ich schlafe den ganzen Winter unter einem Blätterhaufen.

3 Ich bekomme ein dickes Winterfell. Damit friere ich nicht.

4 Ich falle in Winterstarre und liege im Schlamm.

5 Ich bin im Winter im Süden. Nur dort finde ich Futter.

# Versuche mit Eis und Schnee

Was passiert
mit den Schneebällen?

Was schmilzt?

# Das Thermometer

Mit einem Thermometer können wir
die Temperatur messen.

# Kommet all und seht

Kommet all und seht,
vor dem Hause steht
ein dicker Mann und lacht,
der ist aus Schnee gemacht.

Einen blauen Topf
hat er auf dem Kopf,
das ist sein neuer Hut
und der gefällt ihm gut.

Unser Schneemann weint,
wenn die Sonne scheint,
das ist ihm gar nicht recht,
denn das bekommt ihm schlecht.

Hans Poser

# Winterbilder

Winterbild

Paul Klee

Ansicht von Antwerpen mit zugefrorener Schelde

Lucas van Valckenborch

# Riesen

Gullivers Reisen
Riesen
RIK und RIK
MAMA IST GROSS WIE EIN TURM
Mein Papa ist ein RIESE
Riesen
Es muss auch kleine Riesen geben
Riesen
Roald DAHL

# Kleine Riesen

„Malt mich doch bitte mit einem Lachmund!“

„Ja, und schön rot!“

„Schau mal, Frau Schulte, wie riesig ich bin!“

„Und ich erst mal!“

„Dann bin ich wohl ein Zwerg.“

# RIESE und Zwerg

hohohoho

hihi hihi hihi

papapapa

dädädädä

wuwuwuw

mümümüm

schauschauschau

leileilei

rörörööö

# Das tapfere Schneiderlein und der Riese

„Sieben auf einen Streich!“
stand auf dem Gürtel des Schneiders.
So zog er in die Welt hinaus.

Auf einem Berg traf er einen Riesen.
Der nahm einen Stein und drückte ihn,
bis Wasser heraustropfte.
Der Schneider tat so,
als ob er auch einen Stein aufhöbe.
Er holte aber aus seiner Tasche einen Käse
und drückte ihn so,
dass der Saft herauslief.

Danach nahm der Riese einen Stein
und warf ihn so hoch,
dass die Augen ihn kaum mehr sehen konnten,
bevor er wieder zur Erde fiel.
Wieder bückte sich der Schneider
scheinbar nach einem Stein.
Er holte aber einen Vogel aus seiner Tasche,
warf ihn hoch, und der flog fort
und kam nicht wieder auf die Erde zurück.

Da führte der Riese den Schneider
zu einem mächtigen Baum:
„Wenn du stark genug bist, hilf mir,
den Baum fortzutragen …“

nach den Brüdern Grimm

# Riesenpflanzen – ...

25 Kinder können mit ausgestreckten Armen einen Kreis um diesen Mammutbaum bilden.

# Riesentiere

Das größte und schwerste Tier, das auf dem Land gelebt hat, war der Brachiosaurus.
Er wog mehr als 10 Elefanten.

Der Blauwal ist das größte Tier der Erde.
Er wiegt so viel wie 5000 Kinder oder 20 Elefanten.

# Auf leisen Pfoten

Mieze
Katzenfutter
mit Vitaminen
und Mineralstoffen
Da hebt die Katze ab

# Bei der Tierärztin

„Hallo, ihr beiden“, sagt die Tierärztin.
„Und wie geht es dir, Tinto?“
Sie lässt den Kater an ihrer Hand schnuppern.
Tinto zittert.
„Er weiß schon, was jetzt passiert“, sagt Tim.
Jonas fragt: „Muss er wirklich jedes Jahr
eine Spritze bekommen?“
„Diese Impfung ist wichtig,
damit Tinto nicht krank wird“,
erklärt die Tierärztin.
Sie gibt dem Kater die Spritze.
„So, schon vorbei.“

# Mein Haustier

MEIN FOGL HEIST WLI
ECH HOLIN EMARAS
ECHSCH BILE EMA METIN
ONd ER FLIT EMA DOCH DEMHAS
ECH MAKIN SOSER
JANA

Mein Vogel heißt Willi.
Ich hole ihn immer raus.
Ich spiele immer mit ihm
und er fliegt immer
durch das Haus.
Ich mag ihn so sehr.
Jana

Mane Kaze eist Luzi sischpilt
Ema metmr Sifastätsech
Siest schwaz weisaus
Laura

Meine Katze heißt Luzie.
Sie spielt immer mit mir.
Sie versteckt sich.
Sie sieht schwarz-weiß aus.
Laura

ich hateein kaninche
es his Susi es wonte
im Stal es war
weiß es hate eine
süse nase als
es gestorbenist
haben wir es begraben

Ich hatte ein Kaninchen.
Es hieß Susi.
Es wohnte im Stall.
Es war weiß. Es hatte eine
süße Nase. Als es gestorben ist,
haben wir es begraben.
Nils

# Die Katze

Es gibt viele verschiedene Katzen.
Auch der Löwe, der Tiger und
der Panther gehören dazu.
Alle sind Raubtiere und
ernähren sich von Fleisch.

Katzen leben schon sehr lange
als Haustiere bei den Menschen.
Sie sind sehr eigenwillig
und tun, was sie wollen.

Neugeborene Kätzchen
hören und sehen
noch nichts.
Die Katzenmutter
sorgt für sie.
Sie zeigt ihnen auch,
wie man Mäuse fängt.

Die Katze kann mit ihren Ohren
auch ganz leise Töne hören.

Mit ihren Augen kann die Katze
im Dunkeln viel besser sehen
als wir Menschen.
Die Augen leuchten,
wenn sie angestrahlt werden.

Mit ihren Schnurrhaaren findet
die Katze sich zurecht.
Sie tastet damit alles ab.

Die Katze kann
ihre Krallen ausfahren,
um zu klettern,
etwas zu fangen oder
sich zu verteidigen.

# Der Katzentatzentanz

Guck, die Katze tanzt allein,
tanzt und tanzt auf einem Bein.

Kam der Igel zu der Katze:
„Bitte, reich mir deine Tatze!“
„Mit dem Igel tanz ich nicht,
ist mir viel zu stachelig.“

Und die Katze tanzt allein,
tanzt und tanzt auf einem Bein.

Kam der Hase zu der Katze:
„Bitte, reich mir deine Tatze!“
„Mit dem Hasen tanz ich nicht,
ist mir viel zu zappelig.“

Und die Katze tanzt allein,
tanzt und tanzt auf einem Bein.

Kam der Hamster zu der Katze:
„Bitte, reich mir deine Tatze!“
„Mit dem Hamster tanz ich nicht,
ist mir viel zu pummelig.“

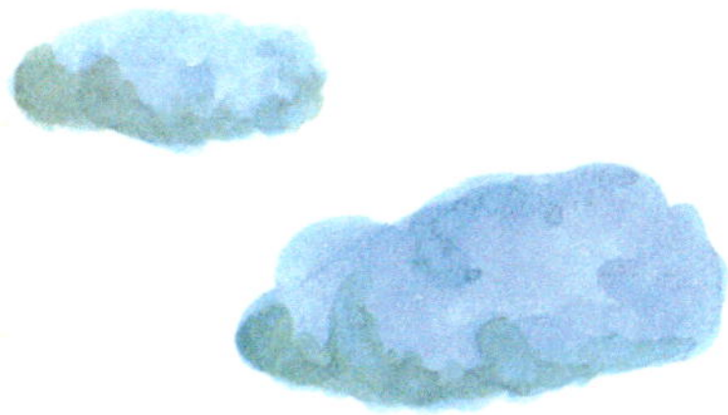

Und die Katze tanzt allein,
tanzt und tanzt auf einem Bein.

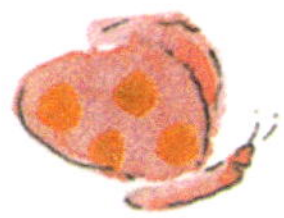

Kam der Kater zu der Katze,
leckte ihr ganz lieb die Tatze,
streichelt sie und küsst sie sacht,
und schon hat sie mitgemacht.

Und dann tanzen sie zu zwein
über Stock und über Stein.
Jede Maus im Mauseloch
ruft: „Ein Glück, sie tanzen noch!“

Fredrik Vahle

# Vom Fliegen

LUFTFAHRTSCHAU
POLIZEI
Flugplatz Lilienthal
Rundflüge
Kasse

# Der Ballon

Lenas Opa
ist gerade gelandet.

„Kinder, das war ein tolles Gefühl!", ruft er.
„Opa, wieso fliegt der Ballon eigentlich?",
fragt Lena.
„Da fragst du am besten die Ballonführerin."

Die erklärt: „Durch das Feuer wird die Luft
im Ballon heiß. Die heiße Luft ist leichter
als die Außenluft. Dadurch steigt
der Heißluftballon in die Höhe."

# Fliegen ...

Vor über 100 Jahren flog Otto Lilienthal zum ersten Mal mit seinem Gleitflieger.

Die Brüder Wright bauten vor 100 Jahren ein Propellerflugzeug.

Mit dem Airbus können heute bis zu 850 Menschen fliegen.

# Traumvogel

Traumvogel, sag, wo kommst du her?
Was hast du zu berichten?
Ich komme über das Mittelmeer
und bringe tausend Geschichten.

Janosch

# Der Wind geht ums Haus

Der Wind sucht da und dort herum.
Er dreht einen leeren Zementsack um.

Er zaust die Amsel auf der Hecke.
Er jagt ein paar Blätter um die Ecke.

Aber jetzt hat er was Bess'res entdeckt:
ein Windrad, vorm Haus in den Rasen gesteckt.

Josef Guggenmos

# Versuche mit Luft

Was spürst du beim Laufen?

Warum?

Was passiert mit dem Papier?

Warum?

Was passiert mit dem Taschentuch?

Warum?

Was passiert mit dem Wasser?

Warum?

# Mein Fahrrad

# Jonas hat einen Platten

In der Werkstatt ist viel los.
Alle wollen etwas von der Mechanikerin:
„Mein Sattel ist zu hoch!“
„Meine Klingel ist kaputt!“
„Meine Lampe brennt nicht!“
Alle Kinder rufen durcheinander.

Aber jetzt ist erst einmal Jonas dran:
„Mein Fahrrad hat einen Platten.
Können Sie mir helfen?“
Die Mechanikerin antwortet:
„Komm, ich zeige dir,
wie man den Reifen flickt.“

# Fatma hat eine Idee

Ben: „So ein Mist! Jetzt muss ich
alle Schrauben aufsammeln.
Hilfst du mir, Fatma?“

Fatma: „Warte, ich habe eine Idee!“

# Millo

Schon letzte Weihnachten
habe ich mir ein Fahrrad gewünscht.
Sogar zu meinem letzten Geburtstag
wollte ich eins haben.
Es kommt mir so vor,
als wünschte ich es mir schon immer.
Papa sagt dann jedes Mal:
„Du hast doch so einen tollen Roller."
Oder: „Wir haben gerade kein Geld
für ein Fahrrad."
Doch diesmal wird es klappen,
ich habe Beweise.

Oliver Wenniges

# Mein Wunschfahrrad

Ich kann meinem
Fahrrad alles sagen.
Und das gibt mir,
was ich möchte.

Neslihan

Auf meinem Fahrrad
kann man zu dritt sitzen
und zum Mond fahren.

Sarona

# Mit dem Fahrrad üben

**Das braucht ihr:**

Kreide, Kegel, Ketten, Kantholz, Schilder, Bälle, Eimer, Stab (oder Besen).

# Alte Räder – neue Räder

Das erste Fahrrad
war ein Laufrad.
Es hatte noch keine
Pedalen und war
aus Holz.

Auf einem Hochrad
zu fahren war
sehr schwierig.
Man konnte nur
mit Hilfe aufsteigen.

Beim modernen Fahrrad
sind beide Räder
gleich groß.
Sicher findest du noch
viel mehr Unterschiede.

# Sport und Spiel

# Warum?

„Ich dusche immer
erst ganz kalt."

„Warum?"

„Ich friere dann
beim Schwimmen
nicht so schnell."

„Guck mal, Mama,
so braun wie der Mann
möchte ich auch sein."

„Nein, Tim,
komm besser
in den Schatten."

„Warum?"

# Echt cool!

Jonas schlendert zu den Volleyball-Spielern.
„Die sind alle so groß.
Die lassen mich bestimmt nicht
mitspielen“, denkt er.

Er geht weiter zum Tischtennis.
Aber da warten schon drei andere.
Jonas traut sich trotzdem zu fragen:
„Können wir mitspielen?“

„Nein, Tischtennis spielt man
nur zu zweit!“

„Ja, aber ich weiß,
wie man das
zu sechst spielt,
und das ist
echt cool!“

# Bälle

Fußball



Tennisball

Medizinball

Gymnastikball

Basketball

Handball

Volleyball

Federball

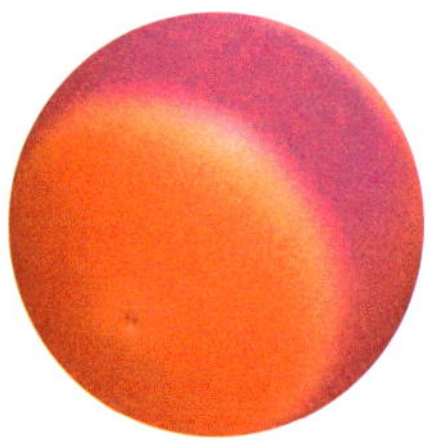

Tischtennisball

# Im Tor

 kommt nach  .

Traurig wirft er seine 

auf das 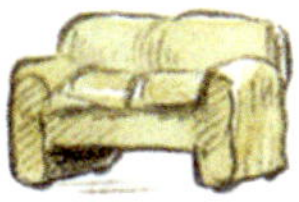 .

„Was ist los?“, fragt  besorgt.

„Ich war im  und

habe keinen einzigen  gehalten“,

sagt  enttäuscht.

„Ich bin so ängstlich wie eine  .“

Markus Grolik

# Schattentiere

Was wirft welchen Schatten?

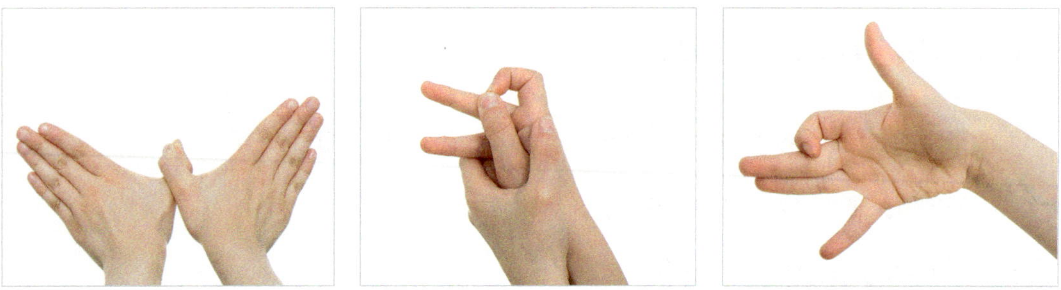

# Licht und Schatten

Stellt ein brennendes Teelicht im Abstand von 15 cm vor eine weiße Pappe.

Stellt eine Figur nah vor die Pappe.
Was seht ihr?

Bewegt die Figur auf das Teelicht zu.
Was beobachtet ihr?

Stellt ein zweites Teelicht neben das erste.
Was beobachtet ihr?

Schiebt die beiden Teelichter auseinander und wieder zusammen.
Was beobachtet ihr?

# Im Sommer

# Die Sommerwiese singt

Wenn du auf der Wiese sitzt
und mal deine Ohren spitzt –
hörst du irgendwas?
Grillen zirpen, Mücken sirren,
Bienen summen, Käfer schwirren
überall im Wiesengras,
überall im Gras.

Christa Zeuch

Gänseblümchen

Margerite

Löwenzahn

# Pflanzen auf der Wiese

sammeln
anschauen
zeichnen
schreiben

Name: Jonas    Datum: 13. Juni

Blumen-Steckbrief

Name: Margerite

Aussehen: weiße Blüte, in der Mitte gelb, langer Stängel

Fundort: am Wegrand

Datum: 12. Juni

Rotklee

Weißklee

Hahnenfuß

# Das größte Haus der Welt

„Wenn ich erwachsen bin",
sagte eines Tages die kleine Schnecke
zu ihrem Vater,
„dann möchte ich das größte Haus
der Welt haben."
„Manche Dinge sind besser,
wenn sie klein sind",
antwortete der Vater.
„Sieh zu, dass dein Haus klein bleibt
und bequem zu tragen ist."

Aber die kleine Schnecke wollte nicht hören.
Sie verkroch sich in den Schatten
eines großen Kohlblattes.
Dort drehte und verdrehte
sie sich, sie zuckte,
druckste und zerrte
und wand sich,
bis sie entdeckte,
wie man sein Haus
wachsen lassen kann.

Leo Lionni

# Schnecken-Beobachtung

Wie viele Fühler hat eine Schnecke?
Wie groß ist eine Schnecke?
Was frisst eine Schnecke?
Wie bewegt sich eine Schnecke?
Wie atmet eine Schnecke?
Kann eine Schnecke hören?

# Schnecken

Schnecken leben in Wäldern, Wiesen und Gärten. Wenn es feucht ist, kommen sie aus ihrem Versteck. Schnecken haben keine Knochen. Sie sind Weichtiere.

Es gibt Nacktschnecken und Gehäuseschnecken.

Die Fühler der Schnecke sind empfindlich.
Auf den langen Fühlern sitzen ihre Augen.
Damit kann sie nur hell und dunkel
unterscheiden.
Mit den kurzen Fühlern kann sie tasten.

Schnecken legen
kleine weiße Eier.
Sie graben dazu
ein Loch in die Erde.
Etwa nach drei Wochen
schlüpfen die kleinen
Schnecken.

Wenn es im Sommer
heiß und trocken ist,
klebt sich die Schnecke
mit Schleim an einen
Baum. Sie wartet,
bis es wieder feucht ist.

# Tier-Kanons

## Kater Tinto

Text und Rhythmus:
Rüdiger Urbanek

Ka - ter Tin - to

sucht die Maus.

Die fängt an zu ren - nen –

schon ist's aus!

## Klitzekleine Schnecke

Klit - ze - klei - ne Schne - cke,

komm he - raus!

Doch die klei - ne Schne - cke

bleibt im Haus.

## Schneeweißer Schmetterling

Schnee-wei - ßer Schmet-ter - ling,

tanz vor mir her,

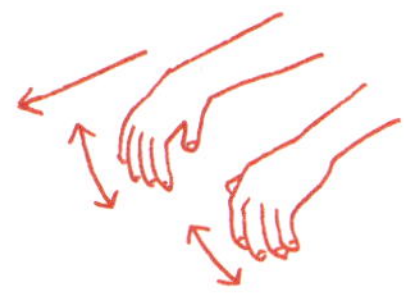

doch dann ver - schwin-dest du

im Blü - ten - meer.

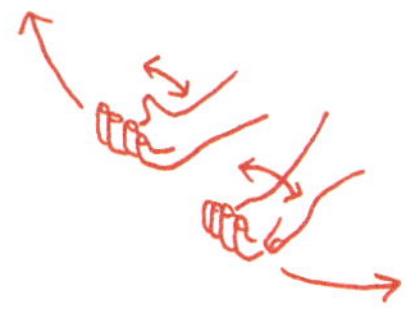

## Maulwurf

Maul-wurf schnauft durch den Bau:

Platz, Platz, Platz, Platz!

Riecht ei - nen Re - gen-wurm:

Schmatz, schmatz, schmatz, schmatz.

# Feste in aller Welt

# Eine Laterne basteln

**Du brauchst:** Luftballon, Kleister, Transparentpapier, Blumendraht.

Luftballon mit Kleister bestreichen.

Transparent-papier aufkleben.

Zwei Tage trocknen lassen.

Luftballon anstechen und herausziehen.
Rand gerade schneiden.

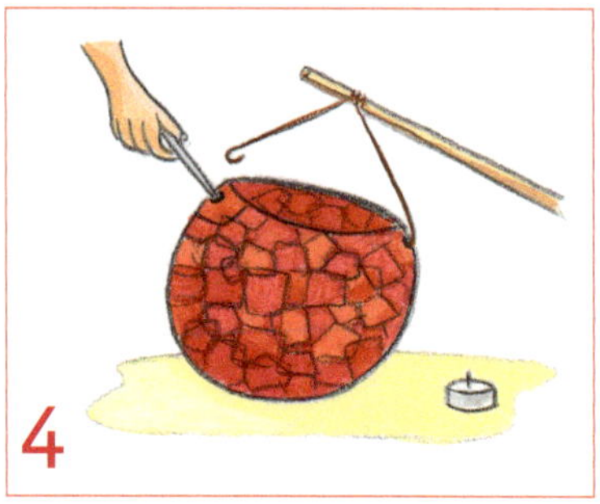


Zwei Löcher bohren.
Blumendraht an der Laterne befestigen.

# Sei gegrüßt, lieber Nikolaus

Text: Rolf Krenzer
Melodie: Detlev Jöcker

2. Der Bischof Nikolaus
ging einst von Haus zu Haus.
Da war’n die Kinder froh.
Und das ist heut noch so!

# Weihnacht

Christkind ist da,
sangen die Engel im Kreise
über der Krippe
immerzu.

Der Esel sagte leise:
I-a
und der Ochs sein Muh.

Der Herr der Welten
ließ alles gelten.
Es dürfen auch nahen
ich und du.

Josef Guggenmos

Anbetung der Könige
Albrecht Dürer

# Weihnachten in anderen Ländern

## Sandy aus England erzählt

In der Nacht zum 25. Dezember fliegt Santa Claus mit seinem Rentierschlitten über die Häuser. Er rutscht durch den Schornstein. Die Geschenke füllt er in Strümpfe, die wir aufgehängt haben.

## José aus Spanien erzählt

Weihnachten feiern wir mit Singen und Tanzen. Die Bescherung ist aber erst am 6. Januar. Die Heiligen Drei Könige bringen die Geschenke. Das Dreikönigsfest heißt auf Spanisch „Fiesta de los tres Reyes Magos“.

## Tony aus Australien erzählt

Bei uns ist zu Weihnachten Sommer. Wir haben dann die großen Ferien. Im Haus schmücken wir einen Plastik-Tannenbaum. Aber wir feiern das Fest meist im Freien und singen Weihnachtslieder am Lagerfeuer.

# Chanukka

In der Pause unterhalten sich die Kinder auf dem Schulhof.

„Wir haben gestern unseren Tannenbaum gekauft. Habt ihr euren auch schon?“, fragt Lena.

„Nein“, antwortet Hannah, „wir feiern kein Weihnachten.
Aber an Chanukka zünden auch wir Kerzen an.
Wir haben einen besonderen Kerzenleuchter mit acht Kerzen.
Jeden Abend zünden wir eine Kerze mehr an, fast wie bei eurem Adventskranz.
Manchmal darf ich die Kerzen anzünden.
Dann spreche ich auch den Segen.
Chanukka dauert acht Tage und wir Kinder kriegen an jedem Abend kleine Geschenke.“

„Dann möchte ich auch Chanukka feiern“, sagt Lena und lacht.

# Der verrückte Osterhase

Das ist die Mütze,
wo die Ohren
sich oben durch
die Wolle bohren.

Der Hasenohrenhut
steht ihm besonders gut.

Mit seinen weichen Pfoten
macht er sich einen Knoten,
weil er sonst meist vergisst,
wann wieder Ostern ist.

Als ich ihn neulich sah,
kam ich ihm wohl zu nah.
Hops, war er nicht mehr da!
Da, wo er vorher saß,
ist nur noch grünes Gras.

Friedel Schmidt

# Inhaltsverzeichnis

---

♪ Hierbei handelt es sich um ein Lied mit Noten.

𝄞 Hierbei handelt es sich um ein Lied, die Noten finden Sie in den Handreichungen für den Unterricht.

## Texte und Originalillustrationen

26 Manfred Schlüter: Eine Lisa und zwei Papas. Aus: Grundschule Deutsch. 6/96.

32 Josef Guggenmos: Wir haben viele Hm-hm ... Aus: Hans-Joachim Gelberg: Geh und spiel mit dem Riesen. Beltz & Gelberg, Weinheim/Basel 1971.

32/33 Martina Kruse-Jakobsen: Alle sitzen .../Wer an mir dreht .../Eine schwarze Scheibe ... Aus: Martina Kruse-Jakobsen: Rätselkönig werd ich heut. Ravensburger Taschenbuchverlag 1989.

34 Tomi Ungerer (Ill.)/Janosch (Text): Vom Lesen weiß ein Krokodil ... Aus: Tomi Ungerer/Janosch: Das große Buch vom Schabernack. © Diogenes Verlag AG, Zürich 1990.

35 Christine Nöstlinger: Die rote Rächerin (Überschrift hinzugefügt, Text gekürzt u. leicht verändert). Aus: Christine Nöstlinger (Text)/ Erhard Dietl (Ill.): Fernsehgeschichten vom Franz. © Verlag Friedrich Oetinger, Hamburg 1994.

49 Nikolaus Heidelbach (Illustration): Das tapfere Schneiderlein und der Riese. Aus: Märchen der Brüder Grimm. © Beltz Verlag, Weinheim & Basel 1995.

58/59 Fredrik Vahle (Text)/Helme Heine (Ill.): Der Katzentatzentanz (gekürzt). © 1980 und 1998 Gertraud Middelhauve Verlag/ Beltz und Gelberg.

64 Tomi Ungerer (Ill.)/ Janosch (Text): Traumvogel. Aus: Tomi Ungerer/ Janosch: Das große Buch vom Schabernack. © Diogenes Verlag AG, Zürich 1990.

65 Josef Guggenmos: Der Wind geht ums Haus. Aus: Josef Guggenmos: Sonne, Mond und Luftballon. Gedichte für Kinder. Beltz und Gelberg Verlag, Weinheim und Basel 1984.

72 Oliver Wenniges (Text u. Ill.): Millo. (Überschrift/Text gekürzt). Aus: Oliver Wenniges: Millo bekommt ein Fahrrad. Fischer Schatzinsel Verlag, Frankfurt/Main 2005.

81 Markus Grolik (Text)/Alexander Schütz (Ill.): Im Tor (Überschrift/Text gekürzt). Aus: Markus Grolik/ Alexander Schütz: Kunterbunte Fußballgeschichten. Ars Edition, München 2003.

88 Leo Lionni: Das größte Haus der Welt (gekürzt). Übersetzt von Robert W. Schnell. Gertraud Middelhauve Verlag 1968/1986/ Beltz und Gelberg.

98 Josef Guggenmos: Weihnacht. Aus: Mutzebutz, Österr. Bundesverlag, Wien 1965.

101 Friedel Schmidt: Der verrückte Osterhase (gekürzt). Aus: Mach mit. Nr. 4. Velber Verlag, Seelze, April 1999.

## Fotos

8 Cornelsen (Marek Lange, Berlin).

18 Guiseppe Arcimboldo: Vertumnus (Kaiser Rudolf II.), 1590. Öl/ Holz, 70,5 x 57,5 cm. Skokloster/Uppsala, Slg. Baron R. von Essen/akg-images, Berlin.

19 Camille Pissaro: Die Apfelernte, 1888 , Öl auf Leinwand, 60,96 x 73,98 cm/ Dallas Museum of Art, Munger Fund; Olga Costa: Obstverkäuferin, 1951. Museo de Arte Moderno, Mexiko D. F./Rafaela Montes Pacheco, Guanajuato.

22 Cornelsen (Marek Lange, Berlin).

24 Rüdiger Urbanek, Gelsenkirchen.

39 Hase: OKAPIA/ Manfred Danneger; Storch: Harald Lange/ NaturBild, Bad Lausick; Eichhörnchen: Cornelsen (Corel-Library); Igel: WILDLIFE/ Synatzschke; Frosch: OKAPIA/ Horst Helwig.

41 Dirk Christiansen, Berlin/ Saskia Klemm, Berlin.

43 Paul Klee: Winterbild, 1930, 196. Aquarell auf Kreidegrundierung auf Papier auf Karton, 31,8x48,9 cm/Zentrum Paul Klee, Bern/ Privatbesitz USA. © VG Bild-Kunst Bonn, 2005; Lucas van Valkenborch: Ansicht von Antwerpen mit zugefrorener Schelde, 1590. Öl auf Eichenholz, 43 x 64 cm/Städel, Frankfurt am Main.

50 picture-alliance/dpa-Bildarchiv/Roland Holschneider.

51 Oben: picture-alliance/KPA/Klindworth; unten: getty images deutschland GmbH/ Taxi.

55 Wellensittich: Juniors Bildarchiv, Ruhpolding; Katze, Kaninchen: Harald Lange/NaturBild, Bad Lausick.

56 1–3 oben: Cornelsen (Corel-Library); unten: F1 online/Gunther Kopp.

57 Juniors Bildarchiv, Ruhpolding.

63 Oben, Mitte: akg-images, Berlin; unten: Airbus, Toulouse.

65 Doris Frickemeier, Dortmund.

75 Oben, Mitte: akg-images, Berlin; unten: Peter Wirtz, Dormagen.

80 Cornelsen (Corel Library). Federball: picture-alliance/KPA/Chromorange.

82 Cornelsen (Matthias Broneske, Berlin).

83 Cornelsen (Dr. Volkhard Binder, Berlin).

86 Links, rechts: Cornelsen Verlagsarchiv; Mitte: Blickwinkel, Witten/S. Weber.

87 Oben: Dirk Christiansen, Berlin. Unten links: Rotklee: Cornelsen Verlagsarchiv; unten Mitte, rechts: Blickwinkel/K.Wothe.

89 Terrarium: Linda Anders, Bochum; Schnecke: WILDLIFE/D. Harms.

90 Mitte: Bilderbox/Erwin Wodicka; unten: C 2000 Editions Milan/ Paul Starosta/L'escargot Collection Mini Patte.

91 Mitte: Tierbildarchiv Toni Angermeyer, Holzkirchen; unten: Dirk Christiansen, Berlin.

98 Albrecht Dürer: Anbetung der Könige, Öl auf Leinwand, 99 x 113,5 cm. Florenz, Uffizien/Artothek, Weilheim.

100 Aus: Barnabas u. Anabel Kindersley: Das große Fest. Dorling Kindersley Verlag, Starnberg 2004. © 1999 Dorling Kindersley Limited, London.

## Cover

32 Zdeněk Miler (Ill.)/Hana Doskočilová (Text): Der Maulwurf und der Fernseher. Leiv Leipziger Kinderbuch Verlag, Leipzig 2004. © Idee und Illustrationen: Zdeněk Miler 2004; Reinhard Lakomy/ Monika Ehrhardt : Der Traumzauberbaum. © Klaus Vonderwerth, Berlin; Drei Nüsse für Aschenbrödel. Progress Film-Verleih GmbH, Berlin.

33 Walt Disneys lustiges Taschenbuch 299. © Disney Deutschland GmbH; Bill Bo und seine sechs Kumpane. Disneyland record. Hoch Verlag GmbH, Düsseldorf/ © Disney Deutschland GmbH; Sams in Gefahr. © Kinowelt Filmproduktion GmbH, München. Benjamin Blümchen. Gerhard Hahn Filmproduktion GmbH/ hör+lies verlag.

35 Christine Nöstlinger (Text)/ Erhard Dietl (Ill.): Fernsehgeschichten vom Franz. © Verlag Friedrich Oetinger, Hamburg 1994.

47 Brigitte Schär: Mama ist groß wie ein Turm. Illustrationen von Jacky Gleich. © 2001 Carl Hanser Verlag, München-Wien; Eric Battut (Text und Ill.): Rik und Rik. © 2002 by bohem press, Zürich; Carl Norac (Text)/ Ingrid Godon (Ill.): Mein Papa ist ein Riese. Carlsen Verlag, Hamburg 2004.

58 Fredrik Vahle (Text)/Helme Heine (Ill.): Der Katzentatzentanz. © 1980 und 1998 Gertraud Middelhauve Verlag/ Beltz und Gelberg.

72 Oliver Wenniges (Text u. Ill.): Millo bekommt ein Fahrrad. Fischer Schatzinsel Verlag, Frankfurt/ Main 2005.

81 Thilo (Text)/Eva Czerwenka (Ill.): Fußballgeschichten. Loewe Verlag, Bindlach 2004; Kirsten Boie (Text)/ Silke Brix (Ill.): Lena hat nur Fußball im Kopf. Friedrich Oetinger Verlag, Hamburg 1997; Markus Grolik (Text)/Alexander Schütz (Ill.): Kunterbunte Fußballgeschichten. arsEdition, München, 2003.

## Kinderillustrationen

22 Lea Steinberg, Josefschule, Essen Horst.

24 Marlene Lebermann, Rudolf-Steiner-Schule, Bochum.

42 Halenur Koc, Havva Yurdanur, Graf-Konrad Grundschule, Dortmund.

73 Neslihan Kaplan und Sarona Mis, Graf-Konrad-Grundschule, Dortmund.

87 Kira Lina Klemm, Berlin.

97 Josefa Kindt, Berlin.

## Lieder

9 Gerda Bächli: Schlusslied (Text leicht verändert). © Musikverlag zum Pelikan, Hug & Co. Musikverlage Zürich.

16 Detlev Jöcker (Melodie), Lore Kleikamp (Text): Obst (Originaltitel: Obstsalat). © Menschenkinder Verlag, Münster.

42 Hans Poser (Text und Melodie): Kommet all und seht. © Fidula Verlag, Boppard/ Rhein.

86 Christa Zeuch: Die Sommerwiese singt. Aus: Lisa, Lolle, Lachmusik. Arena Verlag, Würzburg, 3. Auflage 1992. © Christa Zeuch.

97 Rolf Krenzer (Text)/Detlev Jöcker (Melodie): Sei gegrüßt, lieber Nikolaus. Aus: MC Weihnachten ist nicht mehr weit. © Menschenkinder Verlag, Münster.

# TINTO grün

Erstlesebuch

von
Dr. Rüdiger Urbanek,
Linda Anders, Ursula Brinkmann, Doris Frickemeier, Irmgard Mai, Gabriele Müller

Redaktion: Imke Pelz
Illustrationen: Eva Czerwenka, Vera Schmidt
Umschlagillustration: Eva Czerwenka
Layout: Katharina Wolff
Gestaltung und technische Umsetzung: Saskia Klemm
Bildredaktion: Peter Hartmann
Notensatz: Kontrapunkt Satzstudio Bautzen

**Hinweise zum Konzept für Eltern, Lehrerinnen und Lehrer**

Die Kinder lernen zunächst, die Laute der Wörter abzuhören und die Lautfolge mit Hilfe des Buchstabenhauses in Buchstaben umzusetzen. Sie schreiben, was sie hören. Häufig sind die Wörter noch unvollständig.
Anfangs können die Kinder ihre eigenen Wörter und Texte in der Regel noch nicht lesen. Auch die Texte im Erstlesebuch können und müssen sie zu diesem Zeitpunkt noch nicht lesen können.
Die Kinder sollten täglich mehrere Wörter, Sätze oder Texte selbstständig aufschreiben (nicht abschreiben!). Durch das Schreiben lernen sie das Lesen.
„Fehler" sind notwendige Schritte auf dem Weg zum richtigen Schreiben. Freuen Sie sich über kleine Fortschritte der Kinder beim Schreiben – wie früher beim Sprechenlernen.

Cornelsen online http://www.cornelsen.de

1. Auflage, 1. Druck 2005



Druck: CS-Druck CornelsenStürtz, Berlin

ISBN 3-464-80111-0

Bestellnummer 801110

Gedruckt auf säurefreiem Papier, umweltschonend hergestellt aus chlorfrei gebleichten Faserstoffen.